SERMON SUR LES PAROLES DE L'APOTRE SAINT PAUL A TITE,

Au Chapitre II. ℣. 7. & 8.

Montre toy toy-même en toutes choſes pour un patron de bonnes œuvres, montrant incorruption en doctrine, gravité, integrité, parole ſaine & qu'on ne puiſſe condamner, afin que celuy qui eſt contraire ſoit rendu confus, n'ayant rien à dire de mal de vous.

IL n'y a rien de ſi auguſte ſur la terre que le ſacré Miniſtere dont il a plû à Dieu d'honorer les Paſteurs dãs l'Egliſe. On peut dire que Dieu en les y appelant les a doublement predeſtinez pour eſtre rendus conformes à l'image de son Fils : Car outre cette premiere & generale conformité qu'ils ont avec luy en qualité de fidéles, il les a choisis en quelque maniere comme luy pour délivrer les hommes de leur ignorance & de leur corruption, & pour leur ouvrir les tresors de la grace, & de la gloire. Il leur a confié les Mysteres du Royaume des Cieux, la lumiere de sa verité, & autant que leur bassesse & leur neant permettent qu'ils en soient capables, il leur a communiqué un rayon de la puissance & de la Majesté du Sauveur en faisant couler sur eux une partie de son onction. JESUS CHRIST est l'Epoux de l'Eglise ; les Ministres sont les amis de l'Epoux, & les gardiens de la chasteté de l'Epoux. JESUS CHRIST est le Mediateur entre Dieu & les hommes ; & non seulement Dieu a mis entre les mains de ses Ministres les Tables de sa Loy, & celles de son Evangile, pour la conduite & pour la consolation des Troupeaux qu'il leur a commis ; il leur a même donné le droit de receuillir les prieres du peuple, de les exprimer, & de les répandre aux pieds de son trône pour appaiser sa colere. Dieu a fait JESUS CHRIST le Juge du monde ; la Chaire des Pasteurs n'est-elle pas une espece de Tribunal où ils prejugent de la vie ou de la mort des pecheurs ce qui doit estre confirmé dans le Ciel ? En un

LES DEVOIRS DU SAINT MINISTERE, OU SERMON SUR LES PAROLES DE S. PAUL A TITE.

Au Chapitre II. ℣. 7. & 8.

Prononcé à Vitry le François le 12. May 1675 en presence du Synode, & pour l'imposition des mains du sieur Droüet Ministre à Epense.

Par PIERRE ALLIX.

Se vendent
A CHARENTON,
Chez OLIVIER DE VARENNNES, demeurant au Palais dans la Salle Royale, au Vase d'or.
M. DC. LXXVI.

mot, les differences estant gardées, nous pouvons justement leur appliquer ce que le Seigneur dit à ses Disciples quand il les envoya, *Ie vous dispose le Royaume comme mon Pere me l'a disposé, afin que vous mangiez & buviez à ma table, & que vous soyez assis sur des trônes, jugeant les douze lignées d'Israël.* Luc 2[illegible]
Y a-t-il, aprés cela, quelque dignité dans le monde qui soit plus grande que celle des Pasteurs? Le Ciel admire en eux l'ouvrage de la puissance & de la bonté du Seigneur; les Anges, ces Esprits Administrateurs, sont ravis de voir des hommes qui partagent avec eux la gloire & la sainteté de leur Ministere; l'Enfer & les demons fremissent de se voir arracher leur proye par de si foibles mains. Plût à Dieu, Chrestiens, que la terre, la terre, dis-je, qui seule est interessée à l'honneur que Dieu a fait aux hommes lors qu'il en a élevé quelques-uns à cette dignité, témoignast la joye & la reconnoissance qu'elle en doit avoir. Mais helas! on voit communément les hommes insensibles á cette grande faveur que Dieu leur accorde; on leur voit trop souvent fouler aux pieds la gloire du saint Ministere, ceux qui en sont ornez devenant l'objet de l'aversion des peuples, ou au moins celuy de leur indifference, & de leur mépris. D'où peut venir, je vous prie, un outrage qui semble si injuste, & dont les ef-

fets paroissent pourtant si sensiblement au milieu de nous ? Est-ce que les hommes ont à present une plus grande indifference pour Dieu, pour son Evangile, & pour leur salut, qu'ils n'avoient autresfois ? Est-ce que nous les entretenons avec soin dans l'ignorance des veritez de la Religion ? Est-ce qu'ils ont reconnu que nous abusons de cette sainte Charge pour satisfaire nostre luxe, nostre avarice, ou nostre ambition ? Mes freres, ce n'est pas uniquement la source du mal. Je sçay que cette aversion & ce mépris viennent souvent de l'aveuglement, de la malice extréme & de l'orgueil des hommes charnels qui regardent l'Evangile comme une folie, & les preceptes de la sainteté comme une gehenne tout-à-fait incommode. Mais si dans cette veuë, nous avons sujet de nous consoler d'un traitement injuste que les Prophetes, les Apôtres, & JESUS CHRIST luy-mesme ont essuyé avant nous, je crains bien qu'il n'y en ait encore quelque cause à l'égard de laquelle il ne soit pas si aisé de nous
. Sam. justifier. Dieu disoit, en parlant de ses Ministres, *Ie glorifieray celuy qui me glorifiera: Et ceux qui me mépriseront seront méprisez*;
. Tim. *Que nul ne méprise la jeunesse*, dit l'Apôtre saint Paul à Timothée. Quand Dieu & son Apôtre parlent ainsi, ils supposent qu'il ne dépent que de nous de nous garantir du mé-

pris des hommes. Oüy, mes Freres, nous le pouvons, & il ne faut pour cela que joindre l'integrité de la vie à l'excellence de la doctrine; & la pratique des Vertus Chrestiennes à la severité de la discipline, pour nous rendre venerables non seulement aux Fidéles, mais aux ennemis mesme de la verité: Il n'y a qu'à surpasser autant le cõmun des hommes en pieté, en vertu & en sainteté, que nous sommes obligez de les surpasser dans la connoissance des Mysteres de la Religion. O que nous serons criminels, nous que Dieu a honorés d'un si haut employ, si au lieu que nous pouvons aisément conserver ou rendre à l'Evangile son efficace, & à nostre Ministere sa gloire & son autorité, nous demeurons dans une negligence charnelle de nostre devoir & dans une stupide securité. C'est pour nous en éloigner fortement que nous avons attaché nostre meditation sur les paroles que vous venez d'entendre, & qui sont tirées du discours que saint Paul adressoit autrefois à Tite. Il a pour but de luy apprendre le moyen de rendre son Ministere glorieux pour luy-même, & utile à ceux sur qui Dieu l'avoit étably. Il veut donc premierement qu'il serve de modele à son peuple par la pratique des bonnes œuvres. Il veut en second lieu, que dans sa Predication il conserve la pureté de la doctrine, & qu'il ne s'y propose que le salut des ames. Enfin, il veut qu'il ſe conduiſe tellement, tant à l'égard des mœurs que de la doctrine, qu'il ne donne aucun ſujet aux accuſations & aux reproches des adverſaires. Je ne pouvois, mes Freres, choiſir un ſujet plus propre à la ſolemnité de noſtre Aſſemblée, ny en même-tems propoſer des maximes plus neceſſaires à celuy de nos freres, qui doit aujourd'huy eſtre conſacré aux fonctions du ſaint Miniſtere par l'impoſition de nos mains. Quelque foible que je ſois j'eſpere de vous qu'aprés que vous m'avez fait l'honneur de me choiſir pour parler aujourd'huy en voſtre preſence, vous m'écouterez favorablement ſur une matiere auſſi importante que l'eſt celle-cy; Dieu veüille délier ma langue & m'enſeigner ce que j'ay à dire, & en general à toute cette Aſſemblée, & en particulier au Serviteur du Seigneur qui doit eſtre ordonné en ſon nom.

On eſt ſi accoûtumé à conſiderer les Miniſtres comme des Docteurs; c'eſt à dire, comme des perſonnes élevées en Charge pour inſtruire publiquement le Troupeau, qu'il ſemble que l'Apôtre devoit nous parler de leur Predication & de leur Doctrine, avant que de nous parler de leur probité. Cependant vous voyez que la premiere maxime de ſaint Paul touchant les Miniſtres regarde leur conduite. Car elle porte qu'en toutes choſes

nous devons ſervir à nos Troupeaux de mo-
delles de bonnes œuvres. Ces paroles expri-
ment clairement trois choſes ; l'une, que pour
eſtre dignes Miniſtres du Seigneur JESUS, il
faut que nous ayons la perfection que doit
avoir un modele: L'autre, qu'il ne ſuffit pas
d'avoir cette perfection dans quelque partie
de noſtre conduite, mais qu'il faut l'avoir en
toutes choſes ; c'eſt à dire, en toute noſtre conduite, ſoit publique, ſoit particuliere : La troi-
ſiéme, que nous devons marquer cette perfection par un religieux attachement à l'étude des bonnes actions. C'eſt ainſi que ſaint 1. Tim
Paul veut que l'homme de Dieu ſoit accom- 3.
ply, & parfaitement inſtruit en toute bonne
œuvre, comme il s'en eſt expliqué ailleurs. En Matth
effet ſi les Miniſtres ſont nommez la lumiere 5.
du monde, ne penſez pas que ce ſoit ſimple-
ment à l'égard de la doctrine : C'eſt en faiſant luire devant les hommes la lumiere de
noſtre ſainteté, que nous glorifions noſtre
Pere qui eſt aux Cieux. Les Paſteurs ont
l'honneur d'eſtre les Chefs de l'armée de
Dieu ; ils doivent donc dire avec Gedeon,
Prenez garde à moy, & faites comme je Iug. 7
feray. Ils ſont qualifiez le ſel de la terre ; Matth
que ſeroit-ce, je vous prie, s'ils eſtoient auſſi 5.
corrompus que les autres. *Soyez mes imita* 1. Co
teurs, diſoit ſaint Paul, *comme auſſi je le ſuis de* 11.
Jeſus Chriſt. Je ſçay que JESUS CHRIST

est le grand modele de tous les Chrestiens ;
Marc. 7. le seul modele accomply, le seul dont on a pû dire qu'il a bien fait toutes choses. Je sçay que les Ministres peuvent bien se garantir des grands crimes, mais qu'ils ne sont jamais exemts de ces foiblesses communes, sans lesquelles la vie ne se passe point en ce monde. Il faut donc particulierement mettre devant les yeux des fidéles l'exemple de ce grand Sauveur ; auquel on peut ensuite ajoûter utilement celuy des Apôtres, & des Saints qui les ont suivis. Mais aprés tout il est difficile que ces exemples puissent bien s'établir dans l'esprit des peuples s'ils ne sont accompagnez de l'exemple de leurs Pasteurs : Sans cela il n'est pas aisé dans la corruption du siecle, de leur persuader la pratique des maximes de l'Evangile ; de ces maximes, dis-je, qui d'elles-mesmes sont si contraires aux inclinations de la chair. Que nos discours soient aussi vifs & aussi forts qu'ils le peuvent estre, ils ne font presque point de fruit, s'ils ne sont soûtenus par la force de nostre bonne vie. Les peuples jugeront d'abord de la force ou de la foiblesse des raisons que l'on employe pour les persuader, par l'impression qu'elles font sur le cœur de ceux qui les proposent. Ils disent avec indignation, lors mesme qu'ils semblent garder le silence ; pourquoy donc ne faites-vous pas ce que vous dites, ou pourquoy

nous dites-vous ce que vous ne faites pas vous-mesmes? Pourquoy conservez-vous dans vostre cœur de l'orgueil, de l'avarice, de l'injustice, de la vengeance, de l'animosité, en voulant nous éloigner de ces passions? Mes Freres, quel moyen de pouvoir jamais convertir un pecheur, si nous le scandalisions par les desordres de nostre conduite? Comment luy inspirer le mépris des choses temporelles, si nous avons nous-mesmes le cœur penetré de l'amour du monde & de ces vanitez? Un esclave du vice peut-il bien vivement décrire l'horreur du peché? Quel succez devons-nous attendre des menaces que nous faisons à nos Troupeaux du supplice éternel, de la malediction de Dieu, de l'horreur des Enfers, si nostre cœur n'en est pas ébranlé luy-mesme? Nous sommes les Ambassadeurs de JESUS CHRIST vers les hommes pecheurs, c'est le titre que saint Paul nous donne: Mais, 2. Cor. 5.
je vous prie, quels Ambassadeurs que ceux qui par leurs crimes font la guerre au Seigneur JESUS qui les a envoyez. Sans doute ceux qui méprisent la puissance & la Majesté éternelle de Dieu, sont fort propres à representer aux pecheurs endurcis le juste interest qu'ils ont de se reconcilier avec un si puissant & un si redoutable ennemy.

Vous voyez donc que nous devons estre le modele de nos Troupeaux: Mais il faut que nous le ſoyons en toutes choſes, comme s'eſt exprimé ſaint Paul. Premierement, pour ce qui regarde la ſainteté, nos cœurs doivent eſtre remplis de foy, d'eſperance, d'obeïſſance, d'amour & de crainte de Dieu. Nôtre pieté doit paroître par noſtre aſſiduité à la priere, à la lecture, à la predication, & à la meditation des Myſteres du Ciel; en nous ſouvenant toûjours que nous avons l'honneur d'eſtre la bouche de Dieu envers les hommes, & la bouche des hommes envers Dieu. D'ailleurs, nous devons marquer de la charité envers le prochain, en conſervant avec ſoin la juſtice, l'équité & la benignité dans nos affaires, l'humilité & la prudence en noſtre converſation; en ne negligeant aucune occaſition de ſecourir ceux qui ont beſoin de nos bons offices, ou meſme en prevenant leurs deſirs dans la neceſſité. Outre cela, puiſque le ſoin de la Maiſon de Dieu vous a eſté commis, cònduiſez ſagement la voſtre où Dieu veut recueillir les premiers fruits de voſtre Miniſtere. Qu'on voye chez vous de la pieté, du zele, de la ſageſſe, de la modeſtie, de l'inſtruction, du mépris pour le luxe & pour le faſte du monde. Si vous ſouhaitez que vos Auditeurs deviennent gens de bien, ne les voyez jamais qu'à deſſein de les rendre meilleurs & de les porter à la ſainteté, ſoit par vos diſcours, ſoit par l'exemple de vos bonnes actions. Que vostre plaisir soit avec les Saints comme en parle David ; faites leur voir de la sobrieté & de la temperance ; marquez leur dans vostre conduite de la prudence & de la chasteté aussi bien que dans vostre entretien ; gardez si constamment dans vos paroles, dans vos actions, dans vos gestes & dans vos habits la bien-seance & la modestie qui convient à vostre caractere, que les peuples ne se trouvent jamais ni en état ni en droit de vous dire : *Medecin gueris toy toy-mesme.* Luc 4 Qu'ils ne puissent jamais vous appliquer ces paroles de l'Apostre : *Comment toy* Rom. 2. *qui enseignes les autres ne t'enseignes-tu pas toy-mesme ; toy qui presches qu'on ne doit pas dérober, comment dérobes-tu ; toy qui dis qu'on ne doit pas commettre adultere, tu commets adultere! toy qui fais profession d'abhorrer les idoles, tu commets sacrilege! Comment donc toy qui te glorifies en la Loy, deshonores-tu Dieu par la prevarication de la Loy ?* Et certes je veux mesmes que nous puissions cacher quelqu'un de nos vices & quelqu'une de nos passions criminelles à ceux qui nous écoutent : Helas! ne contez-vous pour rien Dieu & nostre conscience qui nous les reprochent, & qui sont des témoins plus redoutables que mille autres témoins ? Apprenez ce que la conscience a fait faire à l'un des plus grands Docteurs de l'Eglise dans la chaire de Jerusalem. Il y estoit monté afin de prescher l'Evangile : Dieu le fait tomber sur ces paroles du Psalmiste : *Pourquoy prens-tu mes paroles en ta bouche, puisque tu as de la haine pour ma discipline?* Ce texte luy remit incontinent devant les yeux un crime qui estoit inconnu à ses Auditeurs ; A la veuë de ces paroles il se taist ; il se trouble ; il descend de la Chaire ; il répand des larmes & sort confus parmy les gemissemens de ses Auditeurs : Tant il est vray que souvent l'on ne peut resister aux reproches & aux accusations de son cœur !

Epiph. Hær. 64.

J'avouë qu'on voit communément les Ministres de l'Evangile garder dans leur conduite une regularité exterieure, & s'abstenir des pechez éclatans & qui font du bruit ; ce qui fait qu'ils ne sont pas communément sujets à la censure de leurs peuples. Mais on ne voit que dans les vrays Pasteurs un empressement chrétien à sceller leur Ministere par de bonnes œuvres. C'est pourtant, mes Freres, ce que saint Paul nous recommande, comme un devoir tout-à-fait necessaire. C'est quelque chose que de nous éloigner des pechez qui deshonorent le Christianisme que nous professons : C'est quelque chose que de supporter avec patience les épreuves ausquelles il plaist à Dieu de nous exposer. Ce second caractere distingue assez bien le vray Pasteur du mercenaire, & de l'hypocrite. Mais cela ne suffit pas, il faut de plus que nous servions de modele par une pratique soigneuse & constante des bonnes œuvres. Quel est nostre but dans le saint Ministere ? C'est comme saint Paul nous l'a appris de faire, *que ceux qui ont crû en Dieu s'adonnent particulierement aux bonnes œuvres.* Tit. 3. En qualité d'hommes nous devons nous aimer nous-mesmes, & par consequent nous devons travailler à nostre salut, ce qui ne se peut faire que par l'étude de la sainteté. En qualité de membres de l'Eglise nous devons donner à nos freres l'exemple d'une bonne conduite : Nous les devons par ce moyen engager à l'étude de la pieté, pour les faire entrer avec nous dans le chemin du Ciel. Mais en qualité de Pasteurs & de Docteurs nous le devons encore plus necessairement pour donner plus de force à nos exhortations. O qu'il y a de difference entre le discours d'un méchant homme & celuy d'un homme de bien; l'un est vif & hardy, & comme il part du cœur il penetre aussi jusqu'au fond du cœur. L'autre estant formé sur les levres ne touche que l'oreille sans ébranler le cœur. On le voit tous les jours par experience; un Pasteur moins éclairé, mais homme de bien retient les fidéles dans leur devoir par la force de ses exemples; un Predicateur habile mais libertin & vicieux cause ordinairement le scandale & la desolation du Troupeau qui luy est commis. Le chemin est long par les preceptes, mais il est court par les exemples ; la doctrine des actions est beaucoup plus forte & plus certaine que celle des paroles ; une vie bien reglée rend les hommes diserts & éloquens. Oüy, mes Freres, Celuy qui est bien persuadé d'une chose la persuade bien plus aisément : Le langage de la probité a sa beauté & sa force, qui l'emportent beaucoup par dessus les foibles couleurs qu'employe un homme mal persuadé des principes de la Religion & des maximes

1. Tim. 4. de la pieté. *Prens garde à toy-mesme & à la doctrine*, disoit dans cette veuë saint Paul à Timothée ; *à toy mesme*, premierement, puis ensuite *à la doctrine & insiste sur ces choses, car en faisant ainsi tu te sauveras toy mesme, & tu sauveras ceux qui t'écoutent.*

C'est precisément l'ordre que saint Paul a gardé dans nostre texte, où il commence par demander qu'un Ministre soit en toutes choses le modele de son Troupeau, comme s'il rejettoit du saint Ministere tous ceux qui n'ont point de pieté ny de probité, bien qu'ils ayent des talens éclatans. Mais si cette premiere maxime qu'il avance est tout-à fait importante, la seconde ne l'est pas moins, & nous peut servir d'une regle parfaite pour former nostre predication. Elle porte que dans nostre doctrine nous devons conserver *la pureté*, *la gravité, l'integrité & la parole saine*; ce qui fait le sujet de nostre second Point.

Je ne remarque pas icy que l'Apôtre suppose évidemment que la Predication est le premier caractere de l'Episcopat & sa fonction principale. Que ceux là seuls en doutent, qui ont changé le Ministere en une Magistrature temporelle, & en une domination sur l'heritage du Seigneur. Que ceux là seuls en doutent qui ordonnent des Ministres, non pour précher l'Evangile, mais principalement pour sacrifier le Corps & le Sang du Seigneur pour les pechez des vivans & des morts. Je m'arréte seulement à ce que saint Paul nous a exprimé. Premierement donc il veut que nous gardions l'incorruption ou la pureté dans la doctrine. En effet, il sçavoit par son experience que le demon s'efforce continuellement d'alterer la pureté de la Foy Chrétienne en y mélant la zizanie de l'erreur & de la fausseté. Il connoissoit le naturel des hommes, qui par un esprit de temerité aiment à debiter les visions de leur propre cœur, & à faire valoir leurs conceptions. Il connoissoit l'humeur des peuples, qui reçoivent aisément comme des veritez de la Foy les doctrines qui s'accommodent à leurs prejugez & à leurs inclinations. Enfin, il sçavoit bien que Dieu devoit permettre la naissance des heresies, pour inspirer aux fidéles du zele pour la verité, avec un ſoin exact de s'inſtruire à fond & de penetrer les Myſteres de la Religion. Et c'eſt auſſi ce que l'on a veu arriver d'une maniere étrange, comme ſaint Paul l'avoit ſuppoſé. Car premierement, il n'y a eu preſque aucun dogme de la Foy que le demon n'ait attaqué durant les deux premiers ſiecles de l'Egliſe ; ce qui obligea ces premiers Chrétiens à former la plus grande partie de cette Confeſſion de Foy que nous appellons aujourd'huy le Symbole des Apôtres : Vous ſçavez que ſi dans la ſuite l'ennemy a changé la forme des erreurs, il n'a pas renoncé au deſſein qu'il avoit de corrompre la Foy. N'eſt-il pas vray auſſi que les propres Docteurs de l'Egliſe n'ont que trop ſouvent donné dans les pieges de l'ennemy, en prenant pour des doctrines celeſtes des dogmes étrangers que la poſterité mieux inſtruite a condamnez, & en rempliſſant la Theologie Chrétienne des maximes dont ils eſtoient imbus avant que d'embraſſer la Foy ? C'eſt ainſi que dans les premiers ſiecles on a veu les ſentimens de Platon regner dans l'Egliſe, & que dans les derniers la doctrine d'Ariſtote a corrompu les droites & naturelles idées de la Religion. Enfin, il n'y a pas eu juſqu'aux peuples qui n'ayent contribué à cette corruption, en voulant que l'on conſervaſt dans le Chriſtianiſme diverſes coûtumes de la Religion

gion des Juifs, je diray mesme de celle des Payens, puisque nos adversaires eux-mesmes le reconnoissent ingenuëment & s'en glorifient. En verité, mes Freres, parmy tant de perils qui menacent la pureté de la Foy, nous devons avoir beaucoup de vigilance, pour empécher la profanation de ce dépost sacré que nous avons receu du Seigneur JESUS. Il est naturel de suivre la foule, mais il faut se deffaire de ce prejugé, lorsqu'il s'agit de la Religion. Il est naturel de suivre le sentiment de ceux qui nous ont precedez : Mais il faut toûjours avoir devant les yeux que JESUS CHRIST a dit, *Je suis la verité*, & non pas je suis la coûtume. La Religion qui est toute divine ne souffre point de Traditions humaines ; point d'addition à la Foy non plus que de diminution ; point de doctrines étrangeres ; point de décisions nouvelles ; point de dogmes inconnus aux Apôtres. Il n'en faut pas davantage pour débarasser le Christianisme de toutes ces doctrines dont Rome le voudroit charger. Elle avouë elle-mesme, par la bouche de ses plus celebres Docteurs, qu'elles ne paroissent point dans l'Ecriture : Comment sont-elles donc émanées de la source de JESUS CHRIST ?

Baron. A. 44. §. 88. & A. 58. §. 76. 77.

Jean. 14.

P. a Soto Canis. Lindan. Melch. Can. Driedo.

Saint Paul veut qu'à l'incorruption ou à la pureté qu'il nous demande dans la doctrine, nous joignions *la gravité* en la proposant.

C'est ainsi qu'il exprime ce caractere venerable & touchant qui doit répondre en nous à l'importance des matieres dont nous avons à parler à nos Auditeurs. Certes hors de la Religion il n'y a rien d'aussi important à traitter, il n'y a rien d'aussi touchant à dire, il n'y a point d'aussi grands mouvemens à exciter. Si donc un Predicateur n'émeut & ne touche ses Auditeurs, c'est propromenr sa faute. C'est qu'il traite avec une negligence charnelle les grandes veritez de l'Evangile. C'est qu'il ne fait pas d'assez fortes reflexions sur de si grands sujets. Il n'y en a point de petit dans l'Evangile. Tout y peut donner du poids & de l'autorité à celuy qui l'explique. On y voit briller en tous lieux la souveraine Majesté de ce Dieu si aimable aux justes & si redoutable aux méchans. On y voit les admirables fondemens du Christianisme ; on y voit la description des bien-faits de Dieu dans la nature & dans la grace. L'esprit de Dieu nous y parle tantost de la necessité absoluë qu'il y a de faire nostre salut ; tantost des difficultez que l'on rencontre dans cette tâche ; tantost du conte terrible que nous devons rendre à Dieu de nos pensées, de nos paroles & de nos actions ; tantost de la gloire de nos esperances, sçavoir de la resurrection de nos corps & de leur bien-heureuse immortalité. Il nous y met devant les yeux la misere profonde où nous sommes tombez en pechant ; les tendres compassions de Dieu qui nous en a tirez par main forte & par bras étendu ; les combats que le Seigneur Jesus a essuyez pour accomplir un ouvrage si difficile ; les droits que Dieu a sur nous en vertu de sa mort, & ceux que nous avons sur la gloire éternelle en vertu des souffrances de ce grand Sauveur. Qui peut, mes Freres, qui peut envisager un moment de si grands objets, qui peut en concevoir comme il faut l'importance, & ne pas les traiter d'une maniere si grave & si pleine d'autorité, qu'ils portent dans le cœur des peuples les mouvemens qu'ils y doivent produire, quand mesme on ne feroit que les proposer simplement ? C'est pourtant souvent une chose déplorable de voir combien de si grandes matieres font peu d'impression, & touchent peu le cœur de ceux qui les entendent expliquer. Des Payens ont touché leurs Auditeurs en ne traittant que des sujets de legere importance ; & avec la terreur des jugemens de Dieu, avec la douceur de ses grandes promesses, avec la doctrine de sa Providence & de sa Justice on n'excite souvent ni frayeur ni esperance, ni confiance, ni crainte religieuse pour porter les hommes au service de Dieu. La source d'un mal si funeste n'est-ce point que les Predicateurs affectent d'ordinaire de briller par les traits de l'esprit, & par les lumieres de la sagesse humaine, au lieu d'appuyer sur ce que la Religion a de plus important & de plus venerable. En un mot, cela ne vient-il pas de ce que l'on a pour but de paroître éloquent, au lieu d'avoir uniquement pour but de sauver les pecheurs & de gagner les ames à Dieu ?

Saint Paul a visiblement dessein d'empêcher ce desordre, quand il veut que nous gardions tellement la gravité dans la doctrine, que nous y joignions aussi *l'integrité* & la *parole saine.* Car si je conçois bien sa pensée, non seulement il nous deffend en ces termes de faire les Sophistes & d'abuser de l'Audiance publique par des discours agreables mais inutiles; non seulement il a pour but de nous empêcher de nous servir de la parole sainte pour avancer nos interests, ce qui marqueroit une étrange corruption de cœur; mais il veut que nous employions toutes les doctrines de la Religion à inspirer l'amour de l'innocence & de la sanctification du cœur. Il ne veut pas que nous soyons simplement des Docteurs qui portent la lumiere, il veut que nous soyons des Medecins pour guerir les ames de leurs maladies & de leurs méchantes passions. Il ne veut pas simplement que nôtre doctrine soit pleine de candeur & d'integrité, mais qu'elle guerisse aussi les malades ſpirituels de leurs infirmitez. Et certes la reformation de la vie eſt proprement tout le but de la Religion. Dieu n'a pas eu deſſein de flater noſtre curioſité en nous apprenant des Myſteres, mais il a voulu contribuer à noſtre ſalut en nous donnant des remedes pour diminuer nos defauts. On peut diſtinguer les fauſſes doctrines d'avec les veritables, parce que les dernieres ont une relation naturelle à la pieté & à la ſainteté des mœurs, ce qui manque aux premieres. Parcourez tous les dogmes dont les Chreſtiens conviennent; les plus relevez ſont ceux qui fourniſſent plus de motifs à la ſainteté. Par exemple le dogme de l'Incarnation du Verbe qui eſt le grand Myſtere de l'Evangile, ne nous forme-t-il pas naturellement à l'humilité, à la reconnoiſſance, à l'oubly des injures, à la confiance, & à l'amour de Dieu & du prochain? Prenez au contraire ceux dont nous conteſtons avec le party de Rome, & vous verrez ou qu'ils ſont tout-à-fait inutiles à la pieté; Qu'eſt-ce, je vous prie, que la preſence charnelle de JESUS CHRIST dans l'Euchariſtie & la tranſubſtantiation y peuvent contribuer, quand meſme on ſuppoſeroit que ces doctrines ne renverſent pas les Articles de noſtre foy. Vous trouverez meſme que ces dogmes ſont contraires à la pieté, Par exemple la doctrine du merite des œuvres

& celle des satisfactions humaines n'inspirent-elles pas à l'homme de l'orgueil, de la confiance en luy-mesme, & de la negligence pour la pieté ? Il en est, Chrestiens, des Predicateurs comme de la doctrine. Tandis que les faux Ministres s'imaginēt qu'ils ont assez fait d'établir les veritez de la Religion, ceux qui sont de vrays Pasteurs ont toûjours pour but de corriger & de sanctifier ceux qui sont commis à leurs soins. Ils ne content parmy les fruits de leur Ministere que les conversions qu'ils remarquent dans leur Troupeau. En proposant les doctrines de l'Evangile, ils les proposent dans une telle veuë qu'ils puissent engager ce débauché à quitter son impureté; cet avare à restituer à celuy qu'il a injustement dépoüillé; cet homme attaché à la terre à en mépriser les biens, les honneurs & les avantages; cet ennemy à s'appaiser & à étouffer les haines inveterées qui regnent dans son cœur. Heureux & fidéle le Ministre qui dans ses fonctions n'ayant en veuë que la guerison de son peuple sçait si bien employer le vin & l'huile, les censures & les exhortations, les remontrances & les consolations, qu'il éloigne enfin ceux qui l'écoutent des débauches, des impuretez, des blasphémes, de la médisance, des inimitiez & de ces autres vices qui font la honte du peuple Chrestien. Heureux le peuple, qui scellant par sa conduite reformée & Chrestienne, & par sa pureté de sa conscience la doctrine qui luy est annoncée, met ainsi le sacré Ministere à couvert des reproches & des accusations dont la malice des adversaires le pourroit charger autrement.

C'est, mes Freres, ce dernier avantage auquel saint Paul veut que nous aspirions de tout nostre pouvoir. *Garde*, dit il, *une parole saine & que l'on ne puisse condamner*; une parole qui porte de si vifs caracteres de sainteté que les ennemis mesmes, quelque rage qu'ils ayent contre elle, soient contraints de l'absoudre & d'en reconnoître l'innocence. Il s'en explique encore plus distinctement quand pour une troisiéme maxime il nous ordonne en general de regler tellement & nôtre vie & nostre predication que nous ne puissions estre condamnez: *Tellement*, dit-il, *que celuy qui est contraire demeure confus, n'ayant rien à dire de mal de vous*. Ne pensez pas qu'il suffise de s'acquiter de l'un ou de l'autre de ces deux devoirs, je veux dire ou de la bonne vie ou de la predication. Ne croyez-pas que ce soit assez d'avoir de la probité si l'on n'a aussi de la doctrine, ni d'avoir de la doctrine si l'on n'a aussi de la probité; on tombe infailliblement sous la censure. On est sujet à diverses accusations, soit à l'égard de ceux de dedans, soit à l'égard de ceux de dehors, si

l'on ne joint ensemble ces deux caracteres qui sont si essentiels au sacré Ministere. *Il faut*, dit
Tit. 1. l'Apôtre S. Paul, *que l'Evesque soit irreprehensible*; mais il faut aussi qu'il soit en état d'enseigner. Il faut que sa vie & sa conduite fassent honte aux méchans & leur inspirent une secrete amour pour la vertu & pour la sainteté; & outre cela il doit estre remply d'une erudition sublime, & par la lecture & la meditation il doit avoir rendu son esprit & sa langue une source où l'on vienne puiser la connoissance des Mysteres & des veritez les plus dificiles de la Religion. Si l'une ou l'autre de ces qualitez manque, on s'attire les reproches de Dieu & des hommes; & que seroit-ce, je vous prie, si l'une & l'autre manquoient également? Certes au jour du jugement il n'y aura peut-estre point de personne qui soit aussi chargée d'accusations violentes qu'un mauvais Pasteur. Les pauvres qu'il n'a pas assistez pousseront des clameurs devant le Tribunal de Dieu pour accuser son luxe ou son avarice, ou sa dureté. Les malades l'accuseront de leur avoir dénié son secours, ses prieres & ses consolations. Les prisonniers luy reprocheront d'avoir negligé de les visiter dans l'obscurité de leurs prisons pour les fortifier par des leçons de patience & de soûmission aux ordres de Dieu. Les riches l'accuseront de ne les avoir pas instruits solidement

de la nature des biens de la terre & de leur fragilité , pour les leur faire mépriser. Les Grands du siecle luy remettront devant les yeux qu'il n'a eu pour eux qu'une lâche complaisance, qui les a mal-heureusement perdus. Ceux qui ont fait naufrage à l'égard de la Foy luy reprocheront qu'il n'a pas sçû dissiper leurs doutes, ni les délivrer des scrupules où ils estoient tombez. Ceux-mesmes qui n'auront pas esté soûmis à sa conduite se leveront contre luy pour rejetter sur son dereglement ou sur son ignorance le crime de l'opiniâtreté avec laquelle ils sont demeurez hors de la veritable Religion. Que ce nombre d'accusateurs doit dés-à-present effrayer les Pasteurs lasches, qui ne gardent pas dans leur doctrine & dans leur conduite les mesures que Dieu leur a prescrites en les appellant à un si haut employ. Je ne m'étonne plus aprés cela si l'Apôtre saint Paul met devant les yeux de son disciple Timothée le Tribunal auguste où le Seigneur Jesus doit examiner toutes ces accusations: *Ie te conjure*, dit-il, *devant Dieu*, *& devant nostre Seigneur* Jesus Christ, *qui doit juger les vivans & les morts*, *en son apparition & en son regne*, *presche la parole*, *insiste en tems & hors tems*, *censure*, *tanse*, *exhorte en toute douceur d'esprit & de doctrine.* Quel plus puissant motif pour l'obliger à prevenir ces accusations en prêchant purement, & en agiſſant d'une maniere qui répondiſt à la ſainteté de l'Evangile que Dieu luy avoit confié? Icy, mes Freres, on peut dire qu'il propoſe à Tite une image naïve & comme un eſpece d'avant-coureur de ce jugement, en luy faiſant comprendre qu'il ne peut éviter de donner priſe aux ennemis de la verité & de s'expoſer à leurs accuſations, s'il ne garde avec un ſoin égal tous les preceptes qu'il luy donne pour ſe conduire dans les fonctions de ſon Epiſcopat.

Ce n'eſt pas qu'il ſuppoſe que nous ne puiſſions eſtre quelquefois accuſez. Où eſt le Paſteur qui puiſſe parfaitement répondre à l'idée que ſaint Paul s'en eſt formée? Mais quand nous ſerions irreprehenſibles, nous ne ſommes pas plus à couvert que les autres fidéles des calomnies dont l'innocence la plus pure peut eſtre chargée. Auſſi pour nous en conſoler nous avons les exemples des Apôtres, des Saints & de JESUS CHRIST luy-meſme, qui n'ont pas eſté exemts des accuſations les plus atroces. Nous avons le témoignage de noſtre conſcience qui nous abſout lorſque nous nous trouvons accuſez & condamnez injuſtement. Saint Paul ne l'ignore pas, mais il veut qu'au moins nous ne puiſſions eſtre injuſtement condamnez. Il demande qu'au moins nous ſoyons exemts des defauts & des vices qui empécheroient les

fruits de noſtre Miniſtere , ſi on avoit raiſon
de nous les reprocher. Loin donc d'un Miniſtre de JESUS CHRIST ce ſoin ardent d'a-
maſſer des richeſſes , & la paſſion d'en acquerir aux dépens de la gloire de Dieu ou des intereſts du prochain. Loin de ſon eſprit ce bas
attachement à ſes intereſts , qui le feroit ac-
cuſer de rechercher moins *les fidéles eux meſ-* 2. Cor. 12.
mes que ce qui eſt à eux, comme parle ſaint
Paul. Loin de ſon cœur l'orgueil du propha-
ne Diotrephe , qui ne cherche pas tant la
gloire de Dieu que ſa propre gloire & ſon éle-
vation dans l Egliſe,par la dignité de Paſteur.
Arriere de luy cette malheureuſe indifference pour la verité, par laquelle on eſt preſt de
ſacrifier , s'il eſt neceſſaire à ſa propre gran-
deur la foy & la pieté, & tout ce qu'il y a de
plus inviolable dans la Religion ; ce qui eſtoit
le crime des Scribes & des Phariſiens. Quel
Miniſtre , bon Dieu ! que celuy où l'on remarque un eſprit de licence , de débauche &
de libertinage , contraire à la ſobrieté & à la
temperance, qui doivent conſerver la vigueur
du corps , la netteté de l'intelligence & la pureté du cœur? Quel Paſteur que celuy à qui
l'amour propre fait étaler avec pompe les talens qu'il a receus de Dieu , & rabaiſſer les
dons de ſes Collegues par l'effet d'une noire
& maligne envie? Ne ſeroit-ce pas un beau
modele de patience & de ſageſſe , qu'un Mi-

niſtre ſujet aux emportemens de la colere, en qui les nuages de cette paſſion offuſqueroient les lumieres de la raiſon, & en produiſant par leur durée l'entêtement & l'opiniâtreté le feroient juſtement mépriſer comme un homme indigne de conduire les autres, & qui n'a pas ſenty les mouvemens de cet Eſprit ſaint, qui n'eſt que douceur & que benignité. Qu'il fait encore beau voir recommander la condeſcendance & la paix à celuy en qui on remarque un certain air de ſuffiſance & de fierté, qui eſt la diſpoſition la plus naturelle au Schiſme, & une humeur de diſpute directement contraire à l'eſprit de ſaint Paul, qui diſoit : *Si quelqu'un ſemble eſtre contentieux, nous n'avons pas pour nous cette coûtume.* Certes ſi au moins à tous ces égards un Miniſtre n'eſt irreprehenſible, en reprenant les autres il abuſe indignement de la Charge où il eſt élevé ; il merite qu'on luy renvoye ſa cenſure avec ces paroles : *Oſte premierement le chevron qui eſt en ton œil & enſuite tu ôteras le fétu qui eſt dans l'œil de ton frere* ; il agit d'une maniere injuſte en traitant ſes propres pechez de legers, tandis qu'il exagere les pechez de ſon peuple ; il parle viſiblement par un principe de vanité, & non par un principe de charité. S'il aimoit les autres il s'aimeroit luy-meſme ; s'il s'aimoit luy-meſme il ne ſe refuſeroit pas les cenſures qu'il adreſſe à ſon peuple en s'é-

. Cor. 1.

Matth.

levant pour ainsi dire sur les ruïnes des pecheurs. Que pensez-vous, mes Freres, que fassent ceux qui sont repris? Ils regardent de tous côtez si leurs censeurs ne meritent point la mesme censure. Ils pensent estre vengez s'ils trouvent leurs Ministres engagez dans les mêmes defauts. Ils croyent au moins que leurs pechez sont à couvert, quand leurs Pasteurs les autorisent par leur exemple. On perd donc tout-à-fait son autorité, ou du moins on la met fort en cõpromis à l'égard de son propre peuple, quand on n'a pas le soin de se conserver irreprehensible dans sa conduite & dans ses fonctions de Pasteur.

Mais on tombe dans un plus grand malheur à l'égard de ceux de dehors que l'on doit pourtant s'efforcer de faire entrer dans la communion du Seigneur Jesus. Dieu a voulu que son Eglise fût mélée avec les gens du monde & que ses enfans fussent les membres de la societé civile. Il l'a fait pour tirer ses Eleus du milieu mesme des enfans du siecle; il le fait aussi afin que la vie des fidéles fasse une plus vive impression sur l'esprit de ceux à qui l'Evangile est préché, la difference des doctrines paroissant plus sensible par la difference des fruits qu'elles produisent naturellement. Que c'est donc un déplorable malheur quand on voit cette Eglise ne montrer aux gens du monde que ces vertus communes dont les Payens ont fourny de si beaux exemples. Que c'est un grand mal-heur quand on voit regner dans la communion exterieure de l'Eglise les mesmes vices & les mesmes desordres qui se voyent parmy les hommes charnels & moindains. On diroit justement alors que les Chrestiens veulent s'opposer au dessein de Dieu qui les a mis dans le monde comme des flambeaux pour éclairer. le monde & pour en condamner la corruption. Mais Fidéles tous ces mal-heurs redoublent assurement quand les Pasteurs qui sont les parties de l'Eglise les plus éminentes & les plus exposées aux yeux & au jugement des hommes tombent dans les mesmes dereglemens. Tout ce que nous disons de la sainteté de nostre Religion & de son efficace pour la sanctification des mœurs est tourné alors en ridicule. De quel fruit, disent les Prophanes, sont tous ces grands motifs à la sainteté dont vous nous parlez ? Voyez-le un peu dans la conduite de cet homme qui connoist les Mysteres dont vous soûtenez que les Anges souhaitent de penetrer le fond ; Il faut, disoit dans cette veuë un ancien Docteur, que la vie du Pasteur commande avant que sa langue puisse persuader. Nous sommes plus exposez en veuë ; on sçait que nous devons estre plus avancez dans l'étude de la sainteté ; on sçait que la censure des mœurs nous appartient ; mais on sçait aussi que nous devons servir de modeles. Voilà déja bien des motifs pour engager les Ministres à se conduire suivant les regles de la plus exacte sainteté. Mais il y a plus. Si l'Eglise en general trouve le monde & contraire & injuste pour elle, les Ministres le trouvent doublement contraire & doublement injuste pour eux. Le demon les considere comme les ennemis de sa puissance; les mondains comme les ennemis & les censeurs de leurs plaisirs, comme des gens dont la doctrine a pour but de leur ôter toutes les douceurs de la vie & d'empécher que chacun ne les imite dans leurs débauches. Le Diable leur fait sentir tous les plus cruels effets de sa haine. Les mondains les regardent avec aversion & ne demandent qu'à les charger de reproches & qu'à les accuser pour leur ôter toute sorte de credit & d'autorité. Si les simples fidéles doivent donc éviter avec soin de rien faire ni de rien dire qui puisse estre mal expliqué par les ennemis de la Religion, combien plus les Ministres de l'Evangile, sur qui tombe ordinairement le pois de l'envie, de l'aversion & de la haine que l'Eglise endure? Ils doivent sans doute prevenir les moindres reproches dont ceux de dehors les pourroient charger. Il faut, mes Freres, que nous leur témoignions de la patience & de la douceur, bien loin de nous rebuter de leurs duretez ou de les repousser avec colere. Il faut que nous leur marquions cette patience, en faisant de nostre part tout qui peut raisonnablement contribuer à leur conversion, jusqu'à ce que Dieu leur ouvre le cœur. Il faut menager avec soin les occasions de nous concilier leur bien-veillance, & de les rendre favorables à l'Evangile que nous annonçons. Il faut les plaindre dans leurs erreurs & dans leurs mauvaises maximes, plûtost que d'avoir leurs personnes en horreur. En un mot il ne faut rien oublier de ce qui peut les délivrer des prejugez qui les empeschent de nous écouter, bien loin d'irriter leurs esprits & de donner lieu à leur aheurtement par nostre temerité ou par nostre imprudence. Malheur, malheur à ceux qui par les desordres de leur conduite & par leurs discours mal conçus & mal digerez donnent quelque pretexte à l'endurcissement des pecheurs & à la rebellion du monde contre les Loix & l'Evangile de nostre Seigneur. Le Pere a donné son propre Fils en sa misericorde pour procurer le salut du monde, & par leur conduite ou par leur negligence ils donnent lieu à la perdition du monde, pour lequel JESUS CHRIST est mort.

Mes Freres bien-aimez en nostre Seigneur. Si jamais il fut besoin de faire de solides reflexions sur les maximes que saint Paul a propo-

proposées pour établir la gloire du saint Ministere, on peut dire que ce doit estre particulierement aujourd'huy, aujourd'huy, dis-je, que Dieu se preparant à vanger la negligence des Pasteurs & des peuples, nous appelle aussi à rétablir le Ministere dans son ancienne splendeur, pour profiter des châtimens que nous avons déja sentis, & pour détourner ceux qui nous menacent. A la bonne heure donc crions avec effort contre la corruption qu'on remarque parmy nos peuples; Excitons dans leurs cœurs une frayeur salutaire des jugemens de Dieu qui menacent l'Eglise: Mais au moins n'oublions pas que le sacré caractere du sacerdoce n'exempta pas Nadab Levit.
& Abihu d'estre consumez par le feu du Ciel 10.
pour avoir offert le sacrifice avec du feu étrange. Montrons fortement à nos Auditeurs la necessité qu'il y a de se défaire promptement des vices du siecle, de peur de tomber enfin dans l'impenitence & d'obliger Dieu à nous abandonner; Mais en mesme-tems souvenons-nous de nous défaire nous-mesmes de nos habitudes méchantes de peur qu'à la fin elles ne deviennent incurables, nos maux se nourrissant & s'accroissant avec l'usage des remedes par un effet naturel de nostre commune negligence. Ne cessons jamais d'enseigner à nos Troupeaux qu'il ne suffit pas de connoître son devoir, si on ne le pratique;

Mais pensons aussi *que le sel qui perd sa saveur*
Matth. *ne vaut plus qu'à estre jetté dehors & à estre foulé aux pieds*. Crions contre les peres & les meres qui negligent d'instruire leurs familles, & qui par leurs mauvais exemples font passer leurs vices à leur posterité : Mais en mesme-tems remettons-nous devant les yeux la
.Sam.3 punition exemplaire du Sacrificateur Eli & de ses enfans qu'il perdit par son indulgence. Que nos cœurs soient vivement touchez de cette imprecation prophetique : *O Dieu souviens toy de ceux qui profanent ton Sacerdoce & le droit de Levites que tu leur as donné*. Quel terrible *souviens-toy* ! Mon Dieu, qu'il comprend de mal-heurs ? Mais en effet nous les meriterions justement, ces mal-heurs, si nous estions du nombre de ces miserables. Car je vous prie, quels monstres serions-nous d'exhorter à la sainteté, & cependant de perseverer dans le crime ? Nous flatterions l'oreille des peuples par nostre voix, & nous offenserions leurs yeux par nostre vie : Nous serions tous de langue pour celebrer la gloire de Dieu, mais nous serions sans cœur lorsqu'il s'agiroit de l'aimer & de le craindre. Nostre langue seroit à Dieu, nostre cœur seroit au demon, il y auroit une division éternelle entre nostre bouche, nostre cœur & nos mains. En un mot nous voudrions laver les taches de nos peuples, mais ce seroit avec des mains

impures & soüillées. Predicateurs de la vertu, qui dans le fond estes des esclaves du vice, ne meritez-vous pas que Dieu vous fasse partager la condamnation de tous ceux que vous avez scandalisez par vostre conduite charnelle, & que vous avez ainsi fait tomber dans la perdition dont vous estiez obligez de les garentir. Tremblons, mes Freres, tremblons en concevant l'horreur d'une si criminelle profanation & d'un *souviens toy* si épouvantable. *Retenons la foy*, mais retenons auf- 1. Tim. 1.
si *la droite conscience pour ne faire jamais naufrage à l'égard de la foy*. Affermissons nos peuples dans l'étude de la sainteté, mais fortifions nous y les premiers. Inspirons-leur une sainte horreur pour le crime de ceux qui quittent le party du Seigneur, mais marquons leur aussi par un inviolable attachement à la sainteté, que nous sommes resolus de ne l'abandonner jamais. *A qui nous en irions-nous*, Iean. 6.
Seigneur? Tu as les paroles de la vie eternelle.

Nous avons cette consolation, mes Freres, que nostre doctrine est celle & des Apôtres & de JESUS CHRIST. Nos adversaires eux-mesmes sont contraints de le reconnoître, puisqu'ils qu'ils reçoivent tous les articles positifs de nostre creance comme des veritez incontestable dans la Religion. Et plût à Dieu qu'ils ne les combatissent pas ensuite par ces doctrines contraires que la succession des tems, la temerité des hommes, leur orgueil, leur ignorance & leur superstition ont introduites dans la Foy Chrestienne. Il n'y auroit plus aucune contestation entre nous. Mais, helas! comment se peut-il qu'en prenant si fort l'Evangile pour la regle de nostre Foy nous le suivions si peu pour former nos mœurs, bien qu'il ne soit pas moins la regle de la sainteté que celle de la creance? Quelle est donc cette inégalité prodigieuse de rejetter les dogmes contraires à la Religion, & de perseverer dans une conduite qui du consentement de tous les Chrestiens est contraire aux maximes & aux regles saintes de la Religion? Pour moy, je ne conçoy point d'autre raison de ce qu'on voit le cours de la reformation si interrompu que cette corruption étrange qui s'est glissée au milieu de nos Troupeaux. Comme le demon dans les premiers siecles eut la hardiesse d'accuser la sainteté du Christianisme & la pureté des Chrestiens, il osa bien au siecle passé renouveller ses accusations contre nostre doctrine; & aprés avoir couvert de ses plus noires calomnies l'innocence de nos predecesseurs, il voulut persuader aux peuples que leur Religion portoit à l'amour de la licence & du libertinage & au mépris des bonnes œuvres. Nos Peres luy avoient fermé la bouche par la pureté de leur conduite & par la sainteté de leurs mœurs.

Ils avoient refuté toutes les calomnies dont on les avoit si injustement noircis. En effet, comme la licence & la corruption estoient un juste prejugé contre le party qui les accusoit, la sagesse & les bonnes mœurs en estoient un autre pour la reformation. Mais nous avons tout de nouveau ouvert la bouche à l'ennemy de l'Eglise en quittant si visiblement les traces de nos Peres, & en nous éloignant de la sainteté de ces grands Serviteurs de Dieu. S'ils revenoient au monde, avec quelle surprise, bon Dieu, verroient-ils renaître ces accusations ? Ils les avoient plus fortement refutées par leurs actions que par leurs écrits, par leur vie que par leurs disputes. Les peuples & les Pasteurs estoient alors unis dans le soin de montrer leur innocence & celle de leur Religion. Faut-il que ce zele pour la verité soit aujourd'huy éteint ? Faut-il que l'aversaire triomphe à present de la doctrine comme si elle estoit criminelle, parce que ceux qui la professent l'ont abandonné à l'égard de la sainteté ? Chrestiens, il y va de la gloire de Dieu ; il y va de nostre salut, que nous rendions à nostre Religion sa gloire & sont éclat. Mais comment esperer de le faire si nous qui sommes les guettes du Troupeau n'y contribuons par un saint retour & par un ferme attachement à la pieté ? Unissons donc nos efforts & peuples & Pasteurs pour relever la gloire tombante de nostre sainte Religion : Prevenons la rigueur de ce jour où Dieu nous comparant avec Jesus-Christ, qui est le grand modele des Chrétiens & des Pasteurs, rejettera pour jamais ceux qui n'auront pas imité son Esprit & son caractere dans leur vie & dans leurs actions. Prevenons la ruine de nostre reformation qu'il semble que Dieu veüille laisser perir entre nos mains, parce que nous n'avons pas eu le soin d'en soûtenir l'honneur : Imitez la fidelité de vos Pasteurs, vous Troupeaux à qui Dieu a fait la grace de trouver en eux des modêles de pureté, d'integrité & de sainteté. Et vous, en quelque lieu que vous soyez, qui vous voyez contraints de regarder vos conducteurs comme des canaux de pierre, qui portent les eaux salutaires de la grace sans en goûter, ny en recevoir la vertu ; pratiquez leurs preceptes & détournez vos yeux de dessus leurs actions ; suivez leur parole & laissez-là leurs œuvres : car quand leurs œuvres les condamneront leur parole vous sauvera. Mais j'espere qu'une si triste distinction n'aura point de lieu, & qu'autant par leurs œuvres que par leurs paroles, les conducteurs marcheront dans les voyes de la justice & de la sainteté, au devant de leurs Troupeaux, & que leurs Troupeaux seront leur joye & leur couronne en la journée de Jesus Christ.

Je sçay bien, mes Freres, que la perfection que Dieu nous demande ne se peut acquerir sans contraindre nos inclinations, & sans une étude constante & courageuse de la sainteté. Mais combien sont fortes les raisons qui nous incitent à nostre devoir. Dieu luy-mesme nous a confié le salut des ames, dont une seule vaut mieux que tout le monde, ayant esté rachetée par le precieux sang de JESUS CHRIST. Il n'y a rien de si grand au monde que de travailler à la conversion des pecheurs, l'employ du Commerce, de la Medecine; de la Jurisprudence, de la Guerre, sont infiniment au dessous de l'employ des Pasteurs. Rien n'est si grand dans la societé. JESUS CHRIST est descendu du plus haut des Cieux pour s'acquiter des fonctions du saint Ministere. Et nous, le trouverons-nous indigne de nostre attachement? C'est le plus sacré témoignage d'amour & de reconnoissance que le Seigneur JESUS nous demande, en nous disant comme à son Apôtre: *Si tu m'aimes pais mes brebis.* C'est la plus glorieuse marque de confiance qu'il nous puisse donner que de commettre à nos soins ceux qui font la volonté de son Pere, ces bien-heureux disciples dont il a dit qu'*ils sont & son frere & sa sœur & sa mere.* C'est le moyen d'éviter la rigueur terrible de ce jour, où l'on redemandera de nos mains le sang de ceux

Iean 21

Matth 2.

que nous aurons laissé perir par nostre indifference. C'est le moyen de pretendre avec droit à la gloire que saint Paul se promettoit en disant : *J'ay combattu le bon combat, j'ay gardé la foy, j'ay achevé ma course, & quant au reste la couronne de justice m'est reservée.* C'est le moyen de nous délivrer des terreurs qui agiteroient nostre conscience dans la veuë d'une condamnation éternelle & inévitable, si par un effet de paresse & de negligence nous abandonnions les ames au pouvoir du demon. Ah, mes Freres, peut-on seulement concevoir l'image de ce malheur dont Dieu menace les Pasteurs infidéles, sans en estre effrayé pour toûjours ? Peut-on, sans tressaillir de joye & sans estre ravy, jetter les yeux sur la glorieuse recompense que Dieu prepare à nos travaux lorsqu'il nous dira : *Cela va bien, bon serviteur & fidéle, entre en la joye de ton Seigneur ?* Pouvons nous penser que nous avons l'honneur de cooperer avec Dieu pour le salut des ames sans y travailler avec crainte & avec tremblement ?

2. Tim. 4.

Je sçay encore que nous avons à vivre parmy des personnes qui non seulement accusent nostre conduite, mais qui remplissent assez souvent nos ames d'amertume par un effet de l'aversion qu'ils ont pour la Religion que nous professons. Mais ne sçavons nous pas que Dieu le permet ainsi pour nous tenir en haleine, & pour faire davantage éclater la pureté de nôtre foy & la ferveur de nostre zele. Ecoutons, écoutons la voix de Dieu qui nous crie comme à Jeremie : *Ils vous attaqueront, mais ils ne prevaudront point contre vous, car je suis avec vous*, a dit l'Eternel. O qu'il est glorieux de se voir exposé en bute à tous les ennemis de la verité, comme fut le Seigneur JESUS durant les jours de sa chair ! L'Enfer & la Terre ont beau s'armer contre nous, le Ciel se declare en nostre faveur. Ne nous laissons donc jamais surprendre aux impatiences de nostre chair, & si elle nous fait quelquefois crier comme le Prophete Elie, *C'est assez, ô Eternel, pren maintenant mon ame*, qu'il nous souvienne, aprés tout, que comme luy nous devons pretendre à la protection du Ciel. Comme luy nous deffendons les interests de la Religion ; nous crions comme luy contre les erreurs, contre les superstitions & contre les faux services. Si aprés cela nostre Ministere attire sur nous l'opprobre, les afflictions & la croix : courage, mes Freres, nous n'en sommes que plus asseurément les vrays Ministres du Crucifié.

Ierem. 15.

1. Rois 19.

Pour vous, Peuple fidéle, que la resolution & l'exemple de vos Pasteurs tout foibles & tout imparfaits qu'ils sont, fasse quelque impression sur vos cœurs. Si nostre sainteté n'est pas tout à-fait éclattante, au moins ſçavez-vous aſſurément que nous préchons purement l'Evangile & que dans noſtre Communion vous avez le chemin qui conduit ſeurement à la vie. Que de peuples languiſſent aprés cette parole que vous avez ſi abondamment ! Que de peuples s'éleveront donc contre vous au jour du jugement, ſi vous abuſez de cette divine lumiere que Dieu fait briller au milieu de vous avec tant de ſplendeur ! Que les lieux où regnent l'ignorance & la ſuperſtition, & où le Miniſtere eſt impur, voyent impunément regner la licence & les crimes; qu'ils voyent les pechez lever inſolemment la tête & inſulter fierement aux foibles reſtes de la Loy naturelle, dont les caracteres ne ſont pas tout-à-fait effacez dans la conſcience des pecheurs : Pour vous, en faveur de qui Dieu a tiré la lumiere de deſſous le boiſſeau, faites paroître que vous ſentez vivement cette grace qu'il vous a faite. Que cette lumiere ne ſerve pas à vous éclairer dans vos vices, de peur que Dieu ne renverſe voſtre chandelier. Ne vous figurez pas que vous ayez quelque privilege pour vous diſpenſer d'une vie auſſi ſainte, auſſi reguliere & auſſi exacte que le doit eſtre celle de vos conducteurs ; ce ſeroit une terrible illuſion. N'eſtes-vous pas chacun les Miniſtres nez de voſtre famille ? Ne partagez-vous pas à cet égard la gloire du ſaint Miniſtere avez nous ! N'eſtes-vous pas redevables aux étrangers des mêmes exemples de ſainteté que vos Paſteurs vous doivent donner ? N'eſtes-vous pas ſujets aux meſmes accuſations de la part des adverſaires ? Et pourriez-vous ſans crime negliger les intereſts de voſtre Religion que vous pouvez ſi aiſément juſtifier par voſtre conduite ? Mes Freres, mes tres-chers Freres, r'animons enfin noſtre zele ; concourons tous également à la deffenſe de noſtre reformation. Vous ne ſçauriez eſtre couronnez de la gloire ſi vous n'eſtes noſtre couronne au jour du Seigneur. Vous ne ſçauriez eſtre alors noſtre couronne ſi vous n'eſtes dés à preſent noſtre gloire & noſtre Apologie par l'innocence de vos mœurs & par la ſainteté de vos fruits. Menez donc deſormais une vie ſi ſainte, ſi pure & ſi regenerée ; ayez tant d'éloignement pour les crimes du ſiecle, pour ſes vanitez & pour ſes débauches, que vous n'ayez à ſouffrir ny les reproches de voſtre conſcience, ny les accuſations de ceux de dehors. Puiſſiez-vous enfin faire un auſſi heureux uſage des lumieres que le Ciel vous accorde ! Puiſſent-ils à la fin eſtre eux-meſmes éclairez d'en haut pour reconnoiſtre la verité que nous profeſſons ! Puiſſiez-vous les y convier fortement par la ſainteté de voſtre vie ! Puiſſent-ils ſe laiſſer fléchir par voſtre patience pour donner gloire à Dieu en remettant le Chriſtianiſme dans ſa premiere pureté , afin que comme nous avons l'honneur de joüir avec eux des droits de la ſocieté civile, & que nous ſommes unis dans le ſentiment d'une obeïſſance fidéle au Monarque auguſte que Dieu nous a donné, nous puiſſions voir nos diſputes qui déchirent le corps de JESUS CHRIST ceſſer heureuſement, & ne laiſſer dans nos eſprits qu'une ſainte, une juſte & une loüable émulation, pour contribuer à qui mieux mieux par nos ſervices à la gloire de noſtre Souverain & au bien de l'Etat dans lequel nous vivons, & ſur tout, pour marquer de plus en plus noſtre obeïſſance religieuſe & noſtre inviolable fidelité au Seigneur JESUS le grand Paſteur des brebis, le Paſteur des Paſteurs & l'unique Roy de l'Egliſe. Dieu nous en veüille faire la grace & à luy Pere, Fils & ſaint Eſprit, un ſeul Dieu benit éternellement, ſoit loüange, honneur & gloire dés maintenant & à toûjours. Amen.

Acte de l'Imposition des mains.

MEs Freres, Aprés avoir parlé des devoirs sacrez que l'Apôtre saint Paul a prescrits aux Ministres de l'Evangile, il est tems de venir à cet acte solennel dont vous m'avez chargé, en procedant à la consecration du serviteur de Dieu * qui paroist devant vous pour prendre part à l'administration qui nous a esté commise. Vous sçavez qu'aprés la mort du * fidéle Ministre, que l'Eglise d'Epense a perdu il y a quelques années, celuy-cy a esté recherché par cette Eglise & choisi par les suffrages & le consentement de ceux qui la composent; & vous sçavez aussi qu'il a soûtenu l'examen ordinaire dans cette Compagnie & qu'il l'a satisfaite par les preuves qu'il a données de sa doctrine & des talens qu'il a receus de Dieu pour la proposer. Il n'y a plus qu'à consommer l'ouvrage par le sceau de l'imposition des mains & de la benediction de sa personne avec les formes accoûtumées dans l'Eglise de Dieu. Je ne puis m'en acquitter plus heureusement qu'en luy mettant d'abord devant les yeux ce que les saints Apôtres ont laissé à l'Eglise pour regler les mœurs, les

* M. Droüet

* M. le Jeune.

qualitez & la conduite de ceux qu'on admet au ſaint Miniſtere, afin qu'eſtant bien inſtruit de la nature & de l'étenduë de ſon devoir, il penſe continuellement à s'en acquitter en bonne conſcience. Ecoûtez donc, mon Frere, ce que l'Apôtre ſaint Paul nous dit là deſſus dans la premiere Epître à Timotée au Chapitre III. *Cette parole eſt certaine ſi quelqu'un a affection d'eſtre Evêque, il deſire une œuvre excellente, mais il faut que l'Evêque ſoit irreprehenſible mary d'une ſeule femme, vigilant, moderé, honorable, hoſpitalier, propre à enſeigner, non point addonné au vin, non batteur, non convoiteux de gain deshonneſte, mais benin, non querelleux, non avaricieux, conduiſant honneſtement ſa propre maiſon, ayant ſes enfans ſujets en toute reverence (car ſi quelqu'un ne ſçait pas conduire ſa propre maiſon comment pourra-t'il gouverner l'Egliſe de Dieu?) non point nouvel apprenty, de peur qu'eſtant enflé d'orgueil il ne tombe en la condamnation du calomniateur. Il faut auſſi qu'il ait bon témoignage de ceux qui ſont dehors, afin qu'il ne tombe point en reproche & aux pieges du Diable.* Il s'explique ailleurs ſur le
Tit. 1. meſme ſujet en ces termes: *La cauſe pour laquelle je t'ay laiſſé en Crete, c'eſt afin que tu pourſuives de dreſſer en bon ordre les choſes qui reſtent, & que tu établiſſes des Anciens de ville en ville, ſuivant ce que je t'ay ordonné. Sça-*

voir s'il y a quelqu'un qui soit irreprehensible ; mary d'une seule femme, ayant des enfans fidéles, non accusez de dissolution, ou qui ne se puissent ranger : car il faut que l'Evéque soit irreprehensible, comme dispensateur de la Maison de Dieu, non addonné à son sens, non colere, non sujet au vin, non batteur, non convoiteux de gain deshonneste, mais hospitalier, amateur des gens de bien, sage, juste, saint, continent, retenant ferme la parole fidéle qui est selon instruction, afin qu'il soit suffisant, tant pour admonéter par la saine doctrine, que pour convaincre les contredisans. Saint Pierre n'est pas moins exprés, quand il dit dans sa premiere Catholique au Chapitre V. *Je prie les Anciens qui sont entre vous, moy qui suis Ancien avec eux & témoin des souffrances de Jesus Christ, & qui suis aussi participant de la gloire laquelle doit estre relevée. Paissez le Troupeau de Jesus Christ qui vous est commis, en y prenant garde, non point par contrainte, mais volontairement, non point pour gain deshonneste, mais d'un prompt courage, & non point comme ayant domination sur les heritages du Seigneur, mais tellement que vous soyez pour modele du Troupeau ; & quand le souverain Pasteur apparoistra vous recevrez la couronne incorruptible de gloire.* Voilà, mon Frere, quels sont les devoirs sacrez de la Charge que vous recevez aujourd'huy solennellement. Et nous vous en avons fait la lecture en la presence de Dieu qui nous voit & qui nous écoute, des Anges qui assistent au milieu de nous, & de cette Assemblée de Pasteurs & de peuple, afin que vous n'oubliyez jamais qu'un jour vous aurez à rendre compte au Seigneur Jesus en presence de Dieu, des Anges & des Saints de la maniere dont vous vous en serez acquité. Vous voyez quelle est l'importance de la Charge où Dieu vous éleve. Il vous appelle à parler en son nom, à convertir les pecheurs, à instruire les ignorans, à consoler les affligez, à corriger les scandaleux, à fortifier les foibles, à ramener les libertins, à administrer les Sacremens de la Religion Chrestienne, à conserver la discipline dans l'Eglise, à conduire cette Famille celeste dans les voyes de la justice & de la sainteté; en un mot, à preparer les hommes pour recevoir la gloire & le salut. Je suis persuadé que vostre foiblesse vous étonne & vous épouvante, quand vous faites reflexion sur les difficultez qui accompagnent un si grand dessein. Pour s'en bien acquitter il semble qu'il faudroit avoir une sagesse toute divine, une lumiere toute celeste, une connoissance, un zele & un courage pareil à celuy des Apôtres. Et cependant avec la mesure des dons que Dieu vous a départis il faut que vous triomphiez du monde, du peché,

de

de Satan, des Enfers : Il faut vous mettre au dessus de vos passions & au dessus des passions des autres, soit amis ou ennemis ; & il faut perseverer dans un travail si pénible non seulement durant quelque espace, mais il y faut continuer jusqu'à la fin de vostre vie, & mesme jusqu'à souffrir la mort, si Dieu vouloit vous appeller à sceller sa verité de vostre propre sang. Mais ayez bon courage, mon Frere, ne vous laissez pas effrayer à la veuë de ces difficultez. Dieu qui vous appelle aux fonctions du saint Ministere vous y soûtiendra par la puissance de sa grace & par les soins de sa bonté. Si vostre foiblesse vous humilie, que l'esperance du secours de Dieu dans la vocation qu'il vous a adressée vous releve efficacement. Implorez-le, ce divin secours, avec une ardeur religieuse & constante. Et pour vous former de plus en plus à la sainteté que Dieu vous demande, & à la pureté par laquelle il veut que vous édifiez vostre Troupeau & les étrangers mesmes, meditez continuellement les maximes que l'Ecriture sainte vous fournit, & en pratiquez les leçons pour la gloire de Dieu & pour vôtre salut. Ce qui est fâcheux à un homme qui travaille devient doux à un homme qui est animé par la charité. Que l'amour de Dieu, que l'amour JESUS CHRIST ; que l'interest de sa gloire & de sa maison tiennent toûjours le principal lieu en vostre cœur. Que ces motifs vous fassent digerer les peines du saint Ministere, le travail continuel qu'il faut subir dans l'œuvre de Dieu, les rebuts du monde, l'indignation des pecheurs & la haine des adversaires. Vous ne sçauriez servir un Maistre à qui vous soyez si redevable; il vous a donné son sang & sa vie: Aprés cela, que pouvez vous faire pour luy que vous ne luy deviez? Mais il n'y a point de Maistre qui soit plus en état de vous recompenser de tous vos travaux. Il vous reserve au bout de vostre course une couronne incorruptible de gloire, & la joüissance d'un bon-heur éternel. Servez-le donc avec fidelité & avec attachement, avec zele & avec ardeur durant tout le cours de vostre Ministere: Enseignez, exhortez, consolez, meditez, lisez, priez, travaillez au salut des ames & au vostre propre. Je m'assure, mon Frere, que c'est-là vostre intention. Ne le protestez-vous pas ainsi en la presence de Dieu, du Seigneur JESUS, de ses saints Anges & de cette assemblée au milieu de laquelle vous assistez.

Oüy.

Ne promettez-vous pas de vous acquitter tous les jours de vostre vie en bonne conscience des devoirs de la Charge qui vous est aujourd'huy commise pour l'édification de l'Eglise & pour la gloire du Seigneur JESUS nostre grand Redempteur ?

Oüy.

Mon Frere, Dieu veüille vous faire la grace d'accomplir sa vertu dans vostre foiblesse, afin que vous puissiez heureusement répondre aux esperances & aux desirs de son Eglise.

Au nom de Dieu, Pere, Fils, & saint Esprit, & en son autorité, exercez desormais le saint Ministere, en préchant la parole de l'Evangile, en administrant les Sacremens du Baptéme & de la sainte Cene, en faisant les autres fonctions de la Charge de Pasteur, & en conduisant le Troupeau qui vous est commis.

Pour vous, Monsieur, qui nous representez l'Eglise qui a demandé le Ministere de nostre Frere, recevez-le au nom de vostre Troupeau avec joye, avec respect & avec tendresse. Ne méprisez point sa jeunesse, mais pensez à la dignité qu'il soûtient au milieu de vous; n'ayez pas tant d'égard à ses foiblesses qu'à l'autorité du Maistre qu'il vous represente. Ecoûtez avec obeïssance de foy l'Evangile qu'il vous doit annoncer; Recevez de luy avec respect les Sacremens dont il est étably le dispensateur au milieu de vous. Soûmettez-vous à sa conduite & le regardez comme celuy qui veille pour le salut de vos ames & pour vostre édification. Consolez-le

En parlant au Deputé de l'Eglise d'Epense.

dans ses travaux par les témoignages de vostre affection, & par les mrrques de vostre pieté. Que vostre zele luy donne de la joye, & que vostre charité & vostre tendresse répondent dans la suite à celle dont il vous est déja redevable, afin qu'il ait la joye de voir l'œuvre de Dieu reüssir heureusement entre ses mains. Demandez avec nous au Seigneur, que comme il luy a plû de l'appeler il luy donne aussi les lumieres, la force, la constance & le zele dont il a besoin pour vous édifier & pour contribuer à la gloire de Dieu & à vostre salut.

PRIERE.

GRand Dieu & Pere misericordieux, qui as daigné appeller des hommes à la dignité des Anges en les rendant les Herauts de ton Evangile & les dispensateurs de tes Mysteres, nous nous humilions devant le Trône de ta grace pour te presenter ce tien serviteur nostre frere, que les souhaits de ton Eglise appellent aujourd'huy au saint Ministere dans ta maison. Sans ta benediction tous ses efforts n'y sçauroient avoir aucun succez ; celuy qui plante n'est rien ny celuy qui arrose ; c'est toy seul qui peus donner l'accroissement; nous le reconnoissons devant ta Majesté. Nous implorons donc humblement tes compassions paternelles , afin qu'il te plaise de confirmer par ta bonté ce que nous avons entrepris en ton nom & pour le bien de ton Eglise. Remply ton serviteur d'une si grande mesure de ton Esprit saint, qu'il puisse heureusement s'acquitter de la Charge à laquelle nous le consacrons. De luy-mesme il n'est pas suffisant pour executer un ouvrage si grand & si divin : Mais ô Dieu fais paroistre ta force infinie en sa plus grande foiblesse. Il a esperé en toy, qu'il ne soit point confus dans son attente. Que ton Esprit le purifie pour renoncer aux passions de la chair & aux interests de la terre, & pour ne penser qu'au bien de ton Eglise & à la gloire de ton nom. Ouvre-luy la bouche afin qu'il puisse expliquer hardiment les veritez celestes que tu as mises dans ton Ecriture. Donne luy de les proposer avec de la lumiere & de la solidité, en évitant l'amour de la nouveauté, en resistant à l'esprit de curiosité & de vanité, & en rapportant toute cette sainte doctrine à la consolation des ames, & à leur sanctification. Purifie ses mains afin que dans toutes ses actions il soit un modele de soûmission & d'obeïssance à ta volonté sainte. Qu'il fasse de ta parole sa joye, sa consolation & sa gloire. Qu'il y cherche des armes pour combattre les passions, les erreurs & les superstitions de ce present siecle. Fais luy la grace, ô Dieu de resister aux assauts que l'ennemy du salut luy pourra livrer. Pour cet effet donne luy la force & le courage invincible qui luy sont necessaires. Remplis-le de prudence, d'humilité, de charité, de compassion, de patience, de modestie & de gravité; Enrichis-le tellement de tes graces & de tes benedictions qu'il puisse estre également & agreable à ton peuple & en veneration aux ennemis mesmes de la verité. Enfin, ô Dieu! toy qui es à son entrée pour l'appeller dans cet ouvrage si important, veüilles l'y soûtenir par ta grace & couronner en luy les effets de ta misericorde qui l'a prevenu, afin qu'aprés avoir satisfait aux devoirs de sa Charge, autant que l'infirmité humaine le permet, il puisse recueillir le fruit des promesses que tu as faites à ceux qui en auront amené plusieurs à la justice. O Seigneur! exauce-nous du Ciel, tu habites & reçois les prieres que nous t'adressons au nom de ton Fils nostre Seigneur JESUS CHRIST, qui dans l'unité du saint Esprit vit & regne avec toy Dieu benit éternellement. Amen.

www.ingramcontent.com/pod-product-compliance
Lightning Source LLC
LaVergne TN
LVHW050451160826
845677LV00003B/736